UN OPPIDUM CARLOVINGIEN

DANS

LA FORÊT DE SILLÉ-LE-GUILLAUME

(SARTHE)

PAR

L'ABBÉ R. CHARLES

VICE-PRÉSIDENT DE LA SOCIÉTÉ HISTORIQUE ET ARCHÉOLOGIQUE DU MAINE
CORRESPONDANT DE LA SOCIÉTÉ DES ANTIQUAIRES DE FRANCE
MEMBRE DE LA SOCIÉTÉ FRANÇAISE D'ARCHÉOLOGIE

TOURS

IMPRIMERIE PAUL BOUSEREZ

5, RUE DE LUCÉ, 5

UN
OPPIDUM CARLOVINGIEN
DANS
LA FORÊT DE SILLÉ-LE-GUILLAUME
(SARTHE)

PAR

L'ABBÉ R. CHARLES

VICE-PRÉSIDENT DE LA SOCIÉTÉ HISTORIQUE ET ARCHÉOLOGIQUE DU MAINE
CORRESPONDANT DE LA SOCIÉTÉ DES ANTIQUAIRES DE FRANCE
MEMBRE DE LA SOCIÉTÉ FRANÇAISE D'ARCHÉOLOGIE

TOURS
IMPRIMERIE PAUL BOUSEREZ
5, RUE DE LUCÉ, 5

EXTRAIT DES COMPTES RENDUS DU CONGRÈS TENU AU MANS ET À LAVAL

PAR LA SOCIÉTÉ FRANÇAISE D'ARCHÉOLOGIE

EN MAI 1878

UN

OPPIDUM CARLOVINGIEN

DANS

LA FORÊT DE SILLÉ-LE-GUILLAUME

(SARTHE).

« Le vieux château de la Forêt! Ce nom eût été du goût d'Anne Radcliffe, et peut-être la célèbre romancière eut-elle choisi ces ruines pour y placer quelques-unes des scènes bizares et sombres qu'elle aime tant.

« Sur le bord de l'étang des Deffais, admirable nappe d'eau, encadrée de verdure, au milieu d'un fourré très-épais, s'élèvent ou plutôt se cachent les ruines du vieux château. De larges fossés remplis d'eaux croupissantes et verdâtres l'entourent de toute part. Les murs entièrement dégradés sont couverts de lierre, d'églantiers et d'autres arbustes..... Les belles eaux de l'étang, la solitude, les grands arbres qui l'ombragent, font des ruines du vieux château un des sites les plus romantiques et les plus pittoresques que j'aie visités (1). »

Nous souscrirons volontiers à ce noble salut, donné en si bons termes par M. de la Sicotière, aux ruines qui

(1) De la Sicotière, *Excursions dans le Maine*. Le Mans, 1841, in-8°, p. 13.

vont faire le sujet de cette étude. Mais c'est moins peut-être leur côté pittoresque qui nous a séduit, que leur intérêt au point de vue de l'archéologie, et c'est à ce titre seul que nous en parlerons, n'ayant point à notre service la magie du style de l'auteur que nous venons de citer, ni le pinceau d'un Corot pour faire vivre sur la toile le paysage si calme et si tranquille décrit plus haut.

Bien d'autres avant nous ont visité ce site; curieux de toute sorte, touristes, amateurs de la belle nature, géologues, botanistes, antiquaires. Pour ne citer que de ces derniers, l'abbé Ledru, l'ex-curé du Pré, signalait en 1815 les restes de ce vieux château de la forêt de Sillé, et croyait devoir l'attribuer au XIVe siècle (1). En 1836 M. de la Sicotière, voulant aussi l'étudier, le cherchait en vain, errant tout auprès dans les buissons, à quelques pas seulement. Mais ce jour-là, il paraît que le vieux château n'était point visible, il ne se montra à personne. Plus heureux deux ans après dans une nouvelle expédition, l'auteur des *Excursions dans le Maine* put en rapporter une description plus exacte que les précédentes, dans laquelle nos ruines sont rajeunies et datées d'une époque postérieure au XIVe siècle.

Explorateur infatigable, Pesche vient à la suite de ses devanciers et les rectifie dans son *Dictionnaire statistique de la Sarthe*, en usant largement des notes de M. Dugué, notaire à Conlie. D'après Pesche, le château n'appartient ni au XIVe siècle, ni surtout à une époque postérieure, mais à une période plus ancienne.

Messieurs les archéologues, on le voit, ne sont pas pré-

(1) *Annuaire du département de la Sarthe* pour l'année 1815. Le Mans, in-18, p. 14.

cisément d'accord, et trois fois interrogé, trois fois le sphinx de la forêt donne des réponses différentes. Frappé de cette divergence d'opinions, à notre tour, nous sommes allé lui demander le mot de l'énigme. Nous en rapportons une quatrième réponse, qui ne sera point probablement la dernière, mais qui du moins est basée sur un examen sérieux. Malgré un accès presque impraticable, dont sans doute plus d'un touriste se sera effarouché, nous avons pu, après plusieurs heures d'efforts, faire le tour extérieur et intérieur des ruines, usant aussi du mode d'exploration plus facile qui consiste à suivre, pour chemin, la crête des murs, d'ailleurs peu élevés. A l'intérieur, les broussailles et les ronces interceptent la vue à quinze pas devant soi; il est impossible de jouir d'un coup d'œil d'ensemble, aussi le lecteur voudra bien tenir compte de ces difficultés dans notre dessin, dont l'exactitude rigoureuse pourrait être contestée, toutefois, seulement dans quelques détails secondaires.

Placé hors du parcours des anciennes voies, au milieu d'un terrain plat et presque dominé par un coteau voisin, le château ne se présentait pas comme un point stratégique important. Les eaux de l'étang offraient d'abord une défense naturelle et cette sécurité que les cités lacustres de la Suisse et de la Savoie avaient demandée à leurs stations élevées sur pilotis au milieu des lacs et si bien explorées par MM. Keller, Bonnstetten, Rabut, et autres. Une levée de terre garnit le pied des murailles; sans doute elle devait être hérissée de pieux fichés en terre, à la façon des chevaux de frise, et former une seconde ligne de défense.

Les murs dessinent un carré long de 47^{m}50 sur 27; ce parallélogramme n'est pas d'une régularité parfaite, et il peut y avoir une différence de quelques décimètres entre les divers côtés, La hauteur actuelle de l'enceinte de pierre varie de 3 à 4 mètres; l'épaisseur de $1^{m}40$ à $1^{m}50$; la base, construite avec un léger empâtement, est enterrée de deux ou trois pieds. Il ne devait point y avoir d'étage inférieur; comme aux donjons de Loches et de Montrichard, la nature du terrain, qui eût été envahi par les eaux, s'y opposait.

Les angles de cette vaste construction sont renforcés de quatres tours circulaires dont le diamètre intérieur varie de $2^{m}90$ à $3^{m}30$. Leurs murs mesurent en moyenne $1^{m}15$ d'épaisseur. En outre, le milieu des grands côtés du donjon a reçu une autre tour en applique, et non deux comme l'affirme Ledru, qui a donné, dans l'Annuaire de 1815, une vüe fantaisiste du château où elles sont figurées.

Ces tours, malgré leur petit diamètre, sont creuses jusqu'à leur base; trois d'entre elles communiquent avec l'intérieur du donjon par un couloir étroit et oblique, qui ne permet pas à deux personnes de passer de front. Les autres sont complétement indépendantes de la construction.

Les ouvertures sont en grande partie détruites, et parfois il est difficile et souvent inpossible de les distinguer des brèches que le temps et la main des hommes ont creusées dans ces antiques murailles. Cependant on doit reconnaître que les grands côtés étaient percés chacun de huit ou neuf ouvertures, les petits côtés, beaucoup plus endommagés, pouvaient en avoir quatre au moins et cinq ou six au plus. Ces baies se rapportent à deux types différents; les unes mesurant à l'intérieur $1^{m}50$, y compris l'embrasure, et presque carrées, ont leur partie supérieure formée par un arc très-surbaissé, qui approche de la ligne droite; les autres sont en plein cintre, et leur orifice extérieur n'atteint que 0^m40 de largeur. Ces dernières ouvertures se voient encore dans les tours. Elles sont placées la première au milieu, les deux autres sur les côtés de manière à battre les parois des murailles du château. Toutefois deux tours font exception, l'une ne possède aucune ouverture, tandis que la seconde ne reçoit de jour que par trois étroites meurtrières, disposées comme les autres baies.

Nulle part l'ogive n'apparaît, contrairement à l'assertion mentionnée par l'auteur des *Excursions dans le Maine* (1).

La superficie de cette enceinte murale est considérable et répond à peu de chose près, en négligeant les fractions, à 1,762 mètres carrés. Nous ne savons s'il faut tenir pour certaines les conjectures de M. Dugué, qui suppose une cour et un puits au milieu de cette vaste construction, mais il est difficile d'admettre qu'elle n'ait pas été partagée en plusieurs appartements.

Les murs sont formés d'un revêtement de grosses pierres de grès de la chaîne voisine des Coévrons, prises sur les lieux, placées sans symétrie, quoique avec soin : des pierres plus petites ont servi à corriger l'irrégularité des gros blocs, qui n'ont subi aucune taille préparatoire. Pour les jambages des ouvertures, on a choisi les échantillons les plus réguliers; ce sont les pierres longues et plates qui forment les arcatures, remplissant ainsi le même but que les briques durant la période romaine. Les mortiers, d'une excessive dureté, sont excellents; outre la chaux ils contiennent du sable, des petits cailloux, de la brique, et quelques parcelles de charbon.

Cette longue description avec tous ses détails était

(1) P. 15.

nécessaire pour permettre d'établir sur des bases sérieuses une appréciation critique de la période à laquelle appartient cette bizarre construction, dont nous chercherions en vain des analogues. Nous sommes privés, en effet, de la ressource de juger par comparaison, ressource si précieuse pour l'archéologue, à ce point que, à son défaut, nous osons à peine formuler une attribution.

Examinons d'abord les sentiments de nos devanciers. Si le vieux château datait de l'époque où le canon était en usage, comme l'a pensé M. de La Sicotière, nous nous étonnerions de ne pas voir une seule meurtrière sur les côtés. Comment admettre aussi que l'on ait percé des ouvertures aussi nombreuses, aussi larges, et si peu résistantes qu'elles n'eussent pas eu la force de soutenir le choc des primitifs pierriers du moyen âge, et surtout comment expliquer la présence du plein cintre et l'absence de l'ogive?

Pour le même motif, on ne saurait voir dans ces ruines ni une bastille du XIVe, ni un édifice du XIIIe siècle. Au reste, à ne considérer que la structure du château, on conviendra qu'il s'écarte en tout point des formes et du système de défense adopté à ces dernières époques; il suffit de le comparer avec les plans de la Bastille, de Vincennes, du vieux Louvre, de Pierrefonds, de Chalusset. Y a-t-il plus d'apparence qu'il appartienne au XIIe ou au XIe siècle? La forme des ouvertures en plein cintre n'y contredirait pas; mais comment attribuer un édifice aux murs d'une aussi faible résistance, n'ayant au plus que deux étages, ce château de 47^{m}50 de longueur, à cette même civilisation qui a produit les donjons de Loches, de Montrichard, de Chambois, de Beaugency, de Nogent-le-Rotrou, dont les quatre ou cinq étages s'élevaient de soixante-dix à quatre-vingt-dix pieds au-dessus du sol avec des murs de trois mètres au moins à la base, sans aucune ouverture dans la partie inférieure, si ce n'est d'étroites meurtrières? Comment comparer cette chétive construction, défense improvisée d'un peuple barbare à son enfance, avec ces édifices qui témoignent déjà d'un art avancé dans l'attaque et la défense des places fortes? Ici point de ces escaliers tournants, dissimulés dans l'épaisseur des murs, qui permettaient à l'assiégé de défendre pied à pied chaque étage du donjon; point de boile extérieur, formidable rempart de pierres, qui empêchera l'ennemi d'atteindre la base de la forteresse; rien de semblable pour la forme et la disposition des ouvertures à ce que nous voyons dans les édifices militaires du temps de Guillaume le Conquérant, de Foulques Nerra, de Rotrou, de Robert de Bellesme.

En outre, ces rudes guerriers du moyen âge, en habiles stratégistes, savaient choisir dans l'assiette de leur donjon une position assez forte pour permettre de dominer la contrée, d'intercepter une voie importante, ou de barrer le cours d'une rivière et d'un fleuve. Lorsque Foulques Nerra jette les fondations du fort de Château-Gontier, c'est pour être le maître de la navigation de la Mayenne et de la route de Bretagne; s'il bâtit les donjons de Loches et de Montrichard, dans les formidables situations que l'on connaît, c'est pour y surveiller, en sentinelle avancée, les marches du Blaisois et de la Touraine, et s'emparer des eaux du Cher et de l'Indre. Robert de Bellesme, plus habile peut-être dans l'art d'élever des forteresses que dans celui de les conserver, construit une ligne de fortification, flanquée de mottes avec château central au nord du Maine, pour contenir la province et s'assurer la libre entrée de ses marches. Dans la pensée du seigneur féodal, le château est une menace plutôt qu'un lieu de refuge.

Dans notre région, on ne peut citer de château en plaine qu'à titre exceptionnel. Celui de La Flèche, installé à cheval sur les eaux du Loir, vers le milieu du XIe siècle (1), avait pour but d'intercepter le cours de la rivière; quant à celui de La Ferté, que l'évêque Avesgaud, quelques années auparavant, avait fondé au milieu de plusieurs bras de l'Huisne, il était moins destiné, peut-être, à accaparer le cours d'eau qu'à mettre son propriétaire à portée d'être secouru par les seigneurs de Bellesme et de Nogent-le-Rotrou, qu'à lui assurer un refuge contre le redoutable comte du Maine, Herbert (Éveille-Chien), son ennemi acharné.

Le château de la Forêt témoigne d'une trop grande inexpérience dans l'art militaire pour être contemporain des constructions de Guillaume le Conquérant, et nous croyons devoir le reporter à la fin du règne des Carlovingiens, à cette désastreuse période où les Normands, remontant la Loire, la Seine et leurs affluents sur leurs légères embarcations, assiégeaient Saumur, Tours, Blois, Orléans, Le Mans, Paris; puis, après le sac des grandes villes, se répandaient dans l'intérieur du pays, promenant partout le pillage, l'incendie et la mort (2). La présence des Normands dans le Maine ne peut être révoquée en doute, et la divergence d'opinions sur la date de la prise du Mans par ces barbares ne saurait faire rejeter le fait en lui-même, admis, du reste, par tous les auteurs.

(1) *Histoire de La Flèche et de ses seigneurs*, par Ch. de Montzey, 1877, t. IV, p. 13.

(2) *Grandes Choniques de Saint-Denys*, édition Paulin, Paris, 1837, t. III, p. 99 et suiv. Cette question a été approfondie par M. G. de Lestang, dans son Mémoire intitulé : *Dissertation sur les incursions normandes dans le Maine.*

Quelques-uns de ces auteurs ont exagéré la portée de l'invasion scandinave dans le Maine, et l'un d'eux n'a pas craint d'affirmer que les Normands avaient occupé notre province d'une manière permanente ; il leur a attribué un grand nombre de mottes artificielles et de châteaux forts, élevés, dit-il, dans le but de maintenir le pays sous leur domination. Cette assertion, émise par M. Diard dans sa notice sur l'*Origine des tombelles* (1), est contredite par les documents historiques du temps, et n'est plus soutenable depuis la publication de la savante étude de M. de Lestang, sur *les Incursions normandes dans le Maine* (2). Si nous mentionnons ici cette opinion , c'est pour écarter la pensée d'attribuer notre château de la Forêt aux Normands, qui ne firent que des courses passagères dans le Maine depuis le IXe siècle, date de leur apparition , sans songer à s'y créer de poste permanent.

Les populations envahies n'avaient d'autre chance de salut que de se soustraire par la fuite à la fureur des barbares, en se cachant dans les bois, ou de se mettre à l'abri sous de bonnes murailles.

« Le roi de France, dit M. de Lestang, ne resta point indifférent aux dangers dont le pays était menacé. Par ses ordres les fortifications de la ville du Mans furent réparées, des châteaux forts s'élevèrent sur plusieurs points importants de la province; les commandements en furent donnés à des chefs aguerris et puissants (1). »

(1) *Bulletin de la Société d'agriculture, sciences et arts de la Sarthe*, Le Mans, 1846, t. VII, p. 109.

(2) *Bulletin de la Société d'agriculture*, etc., *de la Sarthe*, Le Mans, 1855, br. in-8.

(3) G. de Lestang, *Incursions normandes*, p. 25 et notes.

Ces points établis, nous poursuivons notre démonstration.

Comme nous l'avons dit, l'aspect des ruines du château de la forêt de Sillé ne rappelle ni de près ni de loin les constructions postérieures au XIe siècle. Si, au contraire, nous les comparons avec les édifices du temps de l'occupation de la Gaule par les Romains, et des périodes suivantes, on sera frappé de nombreux traits de ressemblance. C'est, avec les célèbres *Mazelles* de Thesée, le monument de Vernou, les *castrum* de Larçay et de Jublains, et les enceintes gallo-romaines du Mans, de Dax, de Senlis, de Beauvais, de Tours, de Bourges, que le vieux château offre le plus de rapports.

A proprement parler, le nom de château que nous venons de donner encore à nos ruines ne lui convient qu'à moitié; c'est avant tout un refuge et une enceinte fortifiée, munie de tours de défense en saillie comme dans les villes déjà citées. Suivant le système romain, ces tours sont de petit diamètre; elles ont des ouvertures placées à une certaine hauteur et qui battent le flanc des murailles.

Carolus vero civitates trans Sequanas ab incolis firmare jussit Cenomannis, scilicet et Turonis ut præsidio contra Nortmannos populis esse possint. *Annales Bertin., ad annum* 869. — Rex Carolus prudens, timens infestationem Normannorum, frequentes munitiones in Cenomanensi pago fecit : *vicos quosdam* in oppida munitissima convertit, et diversis optimatibus diversa castella distribuit. *Liber de dominis Ambasiæ* : *Spicilège de d'Achery*, p. 551. — En ce tems là commanda li roi Kalles aux Mansiaux et aux Thoreniens que ils formassent des cités et feissent forteresses contre les assaus des Normands. *Vieille Chronique de Saint-Denis*, mss de Kolbert, n° 6218.

Les baies, à cintre très-surbaissé, sont de tout point

semblables à celles que l'on voit dans le monument de

Thésée (1) et dans celui de Vernou (2); la forme de l'arcature est même établie suivant le même procédé au moyen de moellons allongés. Nous remarquerons encore que comme à Thésée, au castrum de Jublains, à celui de Larçay (3), l'enceinte est flanquée de tourelles d'angle, dont quelques-unes ne paraissent pas avoir eu de communication avec l'édifice principal et n'ont pas de liaison avec le corps du bâtiment.

L'examen de l'appareil n'infirme pas nos inductions. Les murs n'offrent point, il est vrai, ce revêtement régulier de petites pierres cubiques, disposées par assises horizontales. Ils sont formés de blocs inégaux séparés par une épaisse couche de mortier où le charbon de bois brûlé se montre en petite quantité, comme il arrive parfois dans les constructions romaines (4) et même jusqu'au XIe siècle.

L'emploi plus facile de l'*opus incertum* dans un édifice élevé à la hâte n'a rien de surprenant. Du reste, cet appareil, depuis le jour où il paraît dans les anciens murs de la Ville éternelle, n'a jamais cessé d'être utilisé, quoiqu'il ne soit pas facile de lui donner une date, précisément parce qu'il présente par lui-même trop peu de caractère.

(1) De Caumont, *Bulletin monumental,* t. XXX, p. 167, et *Abécédaire d'archéologie,* ère gallo-romaine, Caen, 1870, p. 399. — Abbé Chevalier, *Les Églises romanes du* VIe *au* XIe *siècle.* Tours, 1869, in-4°, pl. IV et VI.

(2) *Bulletin monumental,* t. XXXVI, p. 623, dessin de M. G. Bouet, et *Ère gallo-romaine,* p. 401.

(3) *Bulletin monumental,* t. XXII, p. 308, et *Ère gallo-romaine,* p. 642-644. — *Société archéologique de Touraine,* Mémoires, tom. V. — Roach Smith, *Miscellanea antiqua.*

(4) De Caumont, *Ère gallo-romaine,* p. 60.

Nous devons encore expliquer la présence de certains trous à orifice circulaire, de dix à douze centimètres de diamètre, que l'on aperçoit au milieu des murs. Ils ont donné lieu aux suppositions les plus bizarres. Pour nous, ce sont simplement des trous de boulin, dont la forme se justifie parce qu'ils ont reçu l'extrémité d'une perche ronde non équarrie, au lieu d'une poutrelle déjà travaillée par le charpentier. Ces trous circulaires ne se voient pas que dans nos ruines ; on les rencontre aussi au donjon de Nogent-le-Rotrou et ailleurs.

L'origine de notre enceinte fortifiée une fois admise, on ne s'étonnera plus avec nos devanciers si nos archives et notre histoire ne parlent pas plus du vieux château de la forêt de Sillé que du castrum de Jublains, des murailles du Rubricaire à Sainte-Gemmes, de la forteresse du traître Gannelon, à Aubigné, considérée aujourd'hui comme théâtre romain, ni des autres monuments déjà ruinés dont la destination et le but avant l'an mil étaient inconnus.

IMPRIMERIE PAUL BOUSEREZ, RUE DE LUCÉ, 5, A TOURS.

PUBLICATIONS DU MÊME AUTEUR

Honorés d'une médaille d'argent dans la session du Congrès archéologique tenu au Mans, en mai 1878.

Histoire de la Ferté-Bernard, seigneurs, administration municipale, église, monuments, hommes illustres, par Léopold Charles, publiée par l'abbé Robert Charles. — In-8° de 304 pages avec nombreuses planches. 8 fr.

Histoire de la Ferté-Bernard (abrégé du précédent). Br. in-8°, avec 14 planches ou gravures. 2 fr. 50

Les Chroniques de la paroisse et du collège de Courdemanche. Br. in-8°, 1 planche. 2 fr. 50

Étude historique et archéologique sur l'église et la paroisse de Souvigné-sur-Même. Br. in-8°, 2 grav. 2 50

Excursoin archéologique dans la paroisse de Bernay. Br. in-8°. 1 fr. 50

Sépultures mérovingiennes et autres antiquités de Connerré. Br. in-8°, 8 gravures (Épuisé.)

La Station celtique du Crochemélier (Orne). Br. in-8°. 20 gravures (Épuisé.)

La Fonte des cloches à la Ferté-Bernard, au XVIe siècle. Br. in-8° (Épuisé.)

L'Œuvre de Sainctot Chemin, sculpteur fertois, 1580-1555. Br. in-8°. 1 photographie (Épuisé.)

Notice archéologique sur Château-Gontier et ses monuments. Br. in-8° avec planches. 3 fr. 50

Un atelier de peintres-verriers, à Montoire, au XVIe siècle. Br. in-8°. 1 fr. 30

Essai archéologique et historique sur Saint-Georges-de-Lacoué et Saint-Fraimbault de Cabrenne (Sarthe). Br. in-8°, 4 pl. 2 fr. 60

Sous presse :

Saint Guingalois, ses reliques, son culte et son prieuré, à Château-du-Loir. Br. in-8°, 2 pl. 2 fr. 50

www.ingramcontent.com/pod-product-compliance
Ingram Content Group UK Ltd.
Pitfield, Milton Keynes, MK11 3LW, UK
UKHW022156260726
13993UKWH00005B/2404